AF440384

# LA

# TROISIÈME RÉPUBLIQUE

## SON TYPE — SON ŒUVRE

IMPRIMERIE GÉNÉRALE DE LYON

Rue Condé, 30

—

1882

# LA

# TROISIÈME RÉPUBLIQUE

## SON TYPE — SON ŒUVRE

IMPRIMERIE GÉNÉRALE DE LYON

RUE CONDÉ, 30

1882

# LA
# TROISIÈME RÉPUBLIQUE

## SON TYPE — SON ŒUVRE

N'est-ce pas un étrange peuple que le peuple français, depuis qu'ayant renié ses traditions, il est devenu, comme on dit, le maître de ses destinées !

Monarchiste par tempérament, républicain par caprice, inconstant avant tout, il passe volontiers de la Monarchie à la République. C'est vrai qu'on l'y aide !

Pour le moment il tient sa troisième République. On sait comment la chose advint.

Comment le second Bonaparte, ainsi que le premier, après avoir bien débuté, finit mal !

Comment, sectaire obéissant, il fit la guerre d'Italie contre l'Autriche, le Pape et la Catholicité !

Comment il fut avec le Piémont contre le Pape, avec la Prusse contre l'Autriche, avec nos ennemis contre nos alliés naturels.

Comment il fit la puissance de la Prusse protestante et l'abaissement de l'Autriche catholique, prélude du nôtre.

Tant et si bien que de Solferino et Sadowa surgissent Wissembourg, Reischoffen, Sedan ; trois noms qui retentissent coup sur coup comme un glas funèbre aux oreilles de la France stupéfiée.

Allons, republicains, ce n'est pas le jour de gloire qui est arrivé, mais pour vous le jour propice. Le Pouvoir vous revient, ce pouvoir qui n'est plus une charge redoutable, une mission difficile dont se défendent les sages, mais une proie offerte aux ambitieux pourvus de plus d'audace que d'aptitude à gouverner.

Le Pouvoir vous revient. Il est vrai que trois mois auparavant le peuple ratifiait l'Empire, et que dans cinq mois il élira une Assemblée monarchiste; que la France ne peut être consultée et que vous allez lui faire le tour de la carte forcée!

N'importe, le Pouvoir vous revient. De fait ils le saisissent, et les députés de la Seine, à eux seuls, proclament le gouvernement de la défense nationale, dont, bien entendu, ils font tous partie.

Ils l'ont enfin ce Pouvoir tant désiré! Qu'en vont-ils faire?

Sans doute on va les voir ces fiers républicains, ces ardents patriotes, renouveler le miracle de 92; à la tête du peuple armé, se ruer sur l'ennemi, l'arrêter, le battre, le rejeter hors la frontière, à son tour humilié, vaincu. Hélas! non. Les républicains ne vont pas au feu, ils vont aux places. C'est la curée, une curée insatiable et sans pudeur. On les surprendra moins soucieux de défendre la Patrie que de fonder la République, de maintenir leurs positions.

Et si Paris, assiégé par moins de 200,000 Allemands, succombe avec 500,000 combattants, c'est que le plus grand nombre, mobiles, gardes nationaux parisiens, ne sont que des républicains. A quelques exceptions près, ils ne tiennent pas à se battre. On le sent, on n'ose les conduire aux combats. Appelés, ils arrivent trop tard. Eux aussi se réservent pour la République, et leur République sera la Commune!

La Province, un million d'hommes levés pour la défense, sont aux mains de Gambetta, jeune et ardent républicain, avocat élevé aux fonctions de ministre de la guerre. Que faire de mieux ? La parole n'est-elle pas une arme puissante ? En ce cas, elle ne suffit pas, et les plans que l'avocat impose aux généraux ne ramènent pas la victoire. Lui, non content de jouer au Carnot, va parodier les Saint-Just. Il part de Tours, marche sur Orléans pour rallier nos soldats vaincus, les ramener au combat. Arrêté en chemin, on sait par quoi, il recule jusqu'à Bordeaux, où, l'armistice signé, on devra user de violence pour lui arracher le Pouvoir ; ce pouvoir dont sa ridicule et coupable présomption fit un si triste usage !

Nos trésors étaient gaspillés, dépensés en orgies, et nos soldats mal armés, impuissants à se défendre, tombaient par milliers sur les champs de bataille ; nos fils, nos frères, sans habits, sans pain, semaient de leurs cadavres des étapes forcées autant qu'inutiles.

Quel compte à rendre ! Quel terrible compte ! On n'a pas l'air de s'en douter.

Le Gouvernement de la défense nationale n'a pas tenu les promesses de son titre. Les défaites ont succédé aux défaites. Le grand républicain Jules Favre oublie dans l'armistice de couvrir notre armée de l'Est et Garibaldi, républicain cosmopolite, néglige d'arrêter Manteuffel qui va la refouler en Suisse.

Est-ce tout ? La pauvre France a-t-elle enfin épuisé le calice d'amertume ? Non, il reste la lie, et la lie la plus amère ; il reste la Commune ! A leur tour ils en veulent du Pouvoir, de la proie, ces républicains de nouvelle couche que Jules Favre empêcha de désarmer. Ils s'emparent de Paris qui devient le théâtre d'une colossale débauche et d'épouvantables forfaits. Massacres, pillages, incendies, rien n'y manquera. Pour les réduire, ces républicains, il faudra deux mois de luttes, et répandre ce qui reste du pur sang de la France.

Enfin la Commune est vaincue. Les Prussiens, qu'on n'a pu chasser avec le fer, sont éconduits avec de l'or, ce qui n'est rien, mais, ô douleur ! en leur sacrifiant deux provinces dont la France reste amputée et inconsolablement amoindrie.

Blessée, meurtrie, ensanglantée, elle respire encore, la grande victime, et peut songer à guérir ses plaies.

Une Assemblée nationale est élue. Comme la crainte de Dieu, la crainte du Prussien a été le commencement de la sagesse. Cette fois le pays, rentré en lui-même, fait taire ses mauvais instincts ; il va non aux hommes qui le flattent et le perdent, mais à d'autres dont il espère protection et salut. Beaucoup sont choisis de ceux qui volontairement étaient allés faire face à l'ennemi. Ce n'étaient pas des républicains. L'Assemblée est monarchiste. Pourra-t-elle rétablir la monarchie, la vraie monarchie ? On l'espère un instant ; un instant on croit voir la Patrie ressuscitée dans sa dignité et sa grandeur. Mais la Prusse est là qui nous veut en république pour assurer notre abaissement, notre isolement, notre impuissance (1).

Cependant l'Assemblée travaille à réparer les ruines, avec Thiers d'abord, homme d'Etat vieilli dans les luttes parlementaires et les intrigues

---

(1) Voir dans tous les journaux (mars 1874) les pièces du procès d'Arnim.

d'une politique sans principes, à bâtons rompus ; esprit fertile, mais inconséquent, n'ayant de foi qu'en lui-même et rêvant, après l'avoir honnie, d'une république sans républicains dont il serait le président.

Avec Mac-Mahon ensuite, un illustre soldat, qui nous apparaît dans notre détresse comme un palladium d'ordre et de sécurité.

Délivrée des Prussiens, la France semble l'être aussi des républicains. Illusion.

La Constituante ne peut s'éterniser ; de nouvelles élections s'approchent. Les républicains mettent tout en œuvre pour ressaisir le Pouvoir. Rien ne leur coûtera ; ils exploitent les ressentiments de la défaite et la peur d'une guerre nouvelle, inévitable, disent-ils, s'ils ne sont élus ; s'ils ne sont élus, c'est la guerre pour le pape. Gare à Bismarck ! Ils sont avec Bismarck, sous l'égide de Bismarck ! Rien n'est épargné, journaux, brochures, pamphlets, caricatures, sociétés secrètes, comités de propagande, mensonges, menaces, promesses, rien n'est épargné pour intimider, séduire, entraîner ce peuple dont le suffrage, six ans plus tôt, avait condamné et la république et les républicains. Ils réussissent. Les élections de 1876 jettent de nouveau la France en pâture aux républicains.

Mac-Mahon, qui les connaît, et ne peut se faire leur complice, Mac-Mahon, pour qui le Pouvoir est une charge, non une proie, Mac-Mahon, qui ne veut pas se soumettre et avilir sa gloire, Mac-Mahon se démet.

Désormais, libre de tout frein, la République troisième va se donner carrière et se montrer sous son vrai jour.

Cette république, elle n'est ni démocratique ni aristocratique, ni oligarchique, ni surtout française, et pas plus athénienne que Ferry n'est Démosthènes. C'est la république maçonnique, la république des francs-maçons.

Si vous en doutez, voyez ses hommes. Du haut en bas de l'échelle politique et administrative, tous francs-maçons ! Voyez ses actes. Tous marqués au sceau de la secte.

Personne n'ignore que la franc-maçonnerie est une secte comospolite qui vise l'anéantissement de l'Eglise catholique et des monarchies pour établir soit une république universelle, soit une fédération de républiques, où elle pourrait librement faire triompher ses doctrines, qui se résument par la destruction de toute autorité et de toute morale, au moins de la morale chrétienne.

Les dénégations sont inutiles : elle est forcément l'ennemie de l'Eglise qui la condamne et dont les doctrines lui sont contraires. Pour établir des républiques, seul régime propre à ses fins, elle doit nécesairement renverser les rois.

Entouré de mystères, poursuivi avec une rare hypocrisie, son but pouvait jadis échapper à la clairvoyance même de la plupart de ses adeptes, ignorants des manœuvres auxquelles, en dehors d'eux, se livrent des chefs suprêmes qu'ils ne connaissent pas. Aujourd'hui c'est impossible. Les loges en France ne sont guère que des clubs où la haine de l'Eglise ne se dissimule plus, des parlements au petit pied, où la Tribune en raccourci s'offre aux avocats manqués pour user une éloquence qui n'a pas d'autre placement.

Que la Franc-maçonnerie réussisse dans ses projets, c'est impossible, au moins contre l'Eglise. Mais certainement les efforts qu'elle fait pour triompher troublent et corrompent les peuples, suscitent des révolutions, des luttes sanglantes, amoncellent des ruines.

Ceux qui nient sa puissance ne réfléchissent pas qu'elle dispose d'un budget de quatre milliards, qu'elle a vingt-cinq millions d'adeptes, et pour auxiliaires, sans être affiliés, tous ceux qui, suivant sa doctrine, entendent vivre librement et librement jouir, sans règle, sans frein, sans remords.

Force organisée, agissant au milieu de multitudes divisées, est-il étonnant qu'en France, elle soit devenue maîtresse des élections et du gouvernement que nous allons voir fonctionner ?

Avant qu'il entre en scène, présentons le personnel.

Il est dans la vie des nations des temps et des milieux où les hommes supérieurs, les grands hommes, éclosent comme par enchantement. Tel fut le règne de Louis XIV. Sous la Restauration nous trouvons des orateurs, des hommes d'Etat. Il en reste sous Louis-Philippe. Avec la République troisième plus rien. Eclipse totale, stérilité navrante. L'égalité s'y produit par l'abaissement du niveau.

Quoi ! pas d'hommes ? Et Gambetta ? Cet avocat n'est pas sans avoir quelque chose du tribun et pourrait être un homme d'Etat si l'audace et l'esprit d'intrigue y suffisaient ; Gambetta est à peine une exception confirmant la règle ; une étoile qui brille faute de comparaison, parce qu'elle est seule dans le ciel républicain ; étoile déjà errante et filante.

Et Ferry ? quoi ! l'avocat Ferry ? Le grand lama laïque ? Si sa nouvelle religion a besoin d'éloquence, est-ce lui qui la fournira, discoureur filandreux et diffus ? Ce produit d'Epinal, s'inspirant de l'art du crû, n'aspire-t-il pas à régénérer la France par l'imagerie ?

Et Jules Grévy, enfin, Jules Grévy ? Encore un avocat, ce président, et pas des plus fameux. Remarquable cependant par un esprit si originellement plein de lumières, que cinquante ans d'expérience n'y purent ajouter. De tout temps son siége fut fait, il n'y sut rien changer. C'est pourquoi la troisième l'a successivement gratifié de deux fauteuils dont le dernier est un morceau de trône passablement doré.

Le reste ne vaut pas l'honneur d'être nommé.

Illustrations qu'un jour voit naître, le lendemain mourir, inconnus avant, ignorés après ; pépinière de ministres et sous-secrétaires d'Etat de petite dimension, les Constans, Cazot, Le Royer, Wilson, des Faillères, Duclerc, Duvaux, Devès, Develle ! les Logerotte, Varambon, Labuze ! etc.

Joignez à cela un parlement où foisonnent avocats et médecins sans clientèle, politiciens sans profession, et vous aurez la troupe au complet. Maintenant voyons la Pièce.

Tout d'abord, tant il est d'essence républicaine, le désordre s'établit au sommet du pouvoir. Grévy signe, Gambetta ordonne. Il ira jusqu'à se permettre un ministre de la guerre à lui, et, pour l'avoir dans sa main, le choisit parmi les inepties de l'armée, au risque d'entraver l'organisation de nos forces militaires. Rêvant d'une apothéose plébiscitaire, ce démocrate se fera une *claque* parmi les commis-voyageurs et les *caboulotiers*. Toutefois il aura l'imprudence d'échanger son pouvoir, occulte mais réel, contre un pouvoir légal mais fragile, et deviendra le chef d'un grand ministère qui doit faire de grandes choses ; à force de s'enfler comme la grenouille de la fable, il éclate et tombe, sans qu'il soit besoin d'un neuf thermidor ; hommes et choses ne sont plus à ce diapason.

A-t-il été assez raillé, vilipendé, bafoué, conspué, l'ordre moral qui durant six années contint la troisième et l'obligea de garder une certaine décence ! Il va finir, il est fini. C'est l'ère de la pornographie, des Léo Taxil, de la littérature obscène, des pamphlets ignobles et meurtriers, de l'immonde et scélérate iconographie. La France est inondée de ces dangereuses saletés. On les distribue à des jeunes filles, en plein jour, à Paris ; elles se colportent, s'affichent dans nos villes et nos villages, allant partout solliciter, avec la corruption des mœurs, le mépris et la haine de tout ce qui est respectable.

On dirait que la troisième République est la couche naturelle où devaient croître ces champignons vénéneux.

Devant ce débordement nos maîtres sont impassibles. On sait qu'ils sont appelés à régénérer la France ! Embarrassés toutefois, ne sachant trop par où commencer, ils se souviennent à propos de leurs pères, les géants de 93. Ceux-ci ont proscrit, ils vont proscrire. Ils vont proscrire au nom de la liberté, de l'égalité, de la fraternité, en vertu de vieilles lois terroristes non existantes, mais abrogées par désuétude, et qu'ils feront revivre par décret ; ils vont proscrire des citoyens coupables de vivre, de travailler, de prier en commun :

D'abord les Jésuites dont les vertus les humilient et dont la supériorité dans l'art d'enseigner leur porte ombrage !

Après, les fils de saint François, les Capucins qui, pauvres, secourent les pauvres, réhabilitent la pauvreté et sont une protestation vivante contre le matérialisme du siècle ;

D'autres ensuite, utiles à la Nation, secourables au peuple, jusqu'à ces rudes Trappistes qui mettent en valeur les terres incultes, et dont les établissements sont autant de fermes modèles pour l'enseignement de l'agriculture.

En vain d'éminents jurisconsultes ont protesté, d'intègres magistrats ont démissionné, reculant devant l'œuvre inique ; en vain les victimes ont invoqué les lois qui protégent la personne et le domicile du citoyen. Si elles s'adressent à leurs juges naturels, on les traînera devant un tribunal d'exception dont on est sûr, comme jadis du tribunal révolutionnaire. Etait-ce la peine de tant crier contre les commissions mixtes !

A ce tableau il fallait un pendant ; en face d'une proscription une amnistie. Le moment n'est-il pas venu d'effacer les traces de nos guerres civiles ? de rappeler des malheureux qui gémissent sur les plages lointaines de l'Océan austral, les assassins, les incendiaires de la Commune ? Ces intéressants républicains manquent à la collection. Belleville gronde, la popularité de M. Gambetta est en péril. Qu'ils rentrent donc, et ils rentrent, non en coupables pardonnés et repentants, mais en héros fiers de leur œuvre, prêts à recommencer.

Ici des hommes vêtus de bure, aux figures austères, douces, résignées, des vieillards à barbe blanche, des malades impotents, violemment arrachés de leurs cellules et brutalement jetés sur le pavé des rues !

Là des bandits aux figures sinistres, impudentes, menaçantes, descendant triomphalement des navires qui les rapatrient.

Deux scènes à peindre pour orner le temple des lois. Nous les recommandons aux artistes de la troisième.

On croyait autrefois que les lois devaient toujours être faites dans l'intérêt général, pour les besoins, suivant les vœux, les aspirations du plus grand nombre. Aujourd'hui ce n'est plus de mode. Nos politiciens ont changé cela et, comme Sganarelle, placent le cœur à droite, le foie à gauche !

Contre moins d'un million de protestants ou Juifs dont la liberté de conscience ne fut jamais moins menacée et qui ne réclament pas, nous sommes en France trente-cinq millions de catholiques. Beaucoup d'indifférents, d'accord, mais qui ne sont pas des renégats. Tous nous voulons que nos enfants soient élevés chrétiennement, tous, même les libres-penseurs (1), vous-mêmes, législateurs.

Par quelle audace venez-vous nous faire une loi qui a pour but évident de proscrire toute éducation religieuse ?

Non, dites-vous, l'école sera neutre. Qu'on enseigne la religion dans la famille, à l'église, où on voudra ; ce n'est pas notre affaire.

Impudents ! Déjà, par le choix du personnel enseignant et des livres pédagogiques, vous disposez tout pour que l'école nouvelle, l'école laïque, inspire aux enfants le mépris de la religion de leurs pères, en attendant de l'enseigner. Vous savez que la famille, trop souvent incapable, que l'Eglise, gênée par vos soins, seront impuissantes sur des enfants gâtés par votre école ; et vous forcez les pa-

(1) Dans le ressort de l'académie de Paris, les pères de famill[e] consultés, il s'en est trouvé trois qui ont émis le vœu que leu[r] fils soient élevés sans religion.

ents, vous les forcez sous peine d'amende et de
rison, vous les forcez d'envoyer leurs enfants se
âter à cette école, des enfants qu'ils veulent faire
lever chrétiennement ! Et vous dites que vous as-
urez la liberté de conscience !

Que feriez-vous pour la violer ? Vous la violez
utrageusement, cette liberté, vous la ravissez à
rente-cinq millions de Français catholiques.

Qui vous a donné ce droit ? Votre mandat ne le
omporte pas. Vous avez excédé vos pouvoirs. Osez
onc en appeler au peuple ! Pour moins que cela
n fit des plébiscites. Osez donc en appeler, non
vec une formule hypocrite, mais en posant fran-
hement la question : « Oui ou non, le peuple veut-
détruire la religion catholique ? » Vous verrez ce
u'il vous répondra.

Vous violez tout ce qu'il y a de plus sacré ; vous
gnorez ce que n'ignoraient pas les païens, que la
ligion d'un peuple est une partie essentielle de
a vie sociale ; aussi punissaient-ils de mort tout
udacieux qui l'attaquait. Quel châtiment mérite-
ez-vous, et que prétendez-vous faire ? Des ci-
oyens, dites-vous ? Nous enseignerons le patrio-
sme. Insensés, ignorez-vous que le patriotisme ne
enseigne pas ? qu'il est le fruit de vertus dont
ous tarissez la source ? Nous enseignerons la gym-
astique ! Fort bien. On tue l'âme, on soigne le
orps.

Les citoyens que vous ferez seront de mauvais
toyens, de mauvais fils qui mépriseront leurs pa-
nts, de mauvais époux, de mauvais pères ; au
eu de chrétiens toujours prêts aux sacrifices vous
rez des athées, d'égoïstes jouisseurs sans dévoue-
ent à la Patrie ! Voilà ce que vous ferez.

On prend le peuple, ce peuple abasourdi de so-
ismes et n'y voyant plus clair, on le prend par
ppât d'une instruction plus étendue. Est-ce que

par hasard l'enseignement religieux y ferait obstacle? C'est bien là ce que nos législateurs vou-
draient faire croire, et que l'Eglise est ennemie des
lumières. Vous a-t-elle attendus pour cultiver l'esprit des hommes ? N'est-ce pas elle qui, à la chute
de l'Empire romain, au milieu des ruines, des té-
nèbres, conserva pieusement le dépôt des lettres,
des sciences, des arts, et, dès qu'elle le put, répandit
ce trésor par la création d'écoles, d'universités
dont les vôtres n'égaleront jamais la splendeur ?
Voilà l'œuvre de notre Mère, que vous retournez
contre elle, fils ingrats et pervers !

Il est vrai qu'en enseignant, l'Eglise s'efforce
d'élever, de purifier l'âme, le cœur, les sentiments
de l'homme ! Est-ce là ce qui vous gêne ? Auriez-
vous le dessein de faire du peuple français un peuple de brutes ?

La loi du 28 mars est l'arme la plus meurtrière
que l'esprit de secte puisse forger pour saper notre
nationalité. Tout père de famille a le droit et le de-
voir de se soustraire à sa tyrannie !

L'attentat n'est pas nouveau. Ce que nos politiciens essayent hypocritement, leurs pères de 93 le
firent brutalement. Nos prêtres massacrés ou pros-
crits, nos églises fermées ou profanées, pendant
dix ans toute éducation religieuse absente, quelles
en furent les conséquences ? Ecoutez les paroles
prononcées par un homme d'Etat, Portalis, à la tribune du Corps législatif, le 15 germinal an X :

« Il est temps que les théories se taisent devant
« les faits. Point d'instruction sans éducation et
« point d'éducation sans morale et sans religion.

« Les professeurs ont enseigné dans le désert
« parce qu'on a proclamé imprudemment *qu'il ne*
« *fallait pas parler de religion dans les écoles.*

« L'instruction est nulle depuis dix ans. Les en-

fants sont livrés à l'oisiveté la plus dangereuse,
au vagabondage le plus alarmant.

« Ils sont sans idée de la divinité, sans notion
du juste et de l'injuste ; de là des mœurs farou-
ches et barbares ; de là un peuple féroce.

« Toute la France appelle la religion au secours
de la morale et de la société. »

N'est-ce pas concluant, citoyens législateurs ?
ais cette leçon de l'histoire n'était pas venue
squ'à vous. Autrement ce que vous avez fait l'au-
ez-vous osé, sans crainte d'être pris pour igno-
nts, présomptueux, pauvres législateurs ne sa-
ant leur métier ? Maintenant vous allez vous
stenir, n'est-ce pas ? Renouveler de telles inven-
ons serait uniquement propre à vous déconsidé-
r !
Hé bien, non, ils recommencent et vont nous don-
r le divorce que nul ne demande, qui n'est pas
ns nos mœurs. Il n'est pas dans nos mœurs ?
récisément, il faut l'y mettre. Ne dirait-on pas
e provocation aux vices que l'institution com-
rte : l'inconstance, l'infidélité conjugale et l'im-
oralité ? Oui, l'immoralité, quoi que puissent dire
us les sophistes du monde. Ignore-t-on que le
vorce, chez nous, peuple léger et volage, sera
us meurtrier qu'ailleurs ? On ne l'ignore pas.
est pour cela qu'on nous l'impose. Pour cela et
ur faire un accroc aux dogmes catholiques. Dou-
e profit. N'est-ce pas réussi ? Et comme la France
en être régénérée !

Proscrire des religieux, amnistier des bandits,
tablir le divorce, déchristianiser la France ! c'est
elque chose ! Pas assez. Nos législateurs sont
une fécondité inépuisable. Dans leur sein grouil-
nt une multitude de lois qui ne demandent qu'à

sortir. Travailler au grand œuvre ! régénérer ! quelle gloire !

C'est pour la mériter qu'ils vont démolir la magistrature. Oui, démolir, le mot est à dessein. N'est-ce pas démolir la magistrature que détruire l'indépendance du juge ? Cette indépendance n'est-elle pas la garantie de son impartialité ? Et si nous n'avons pas l'impartialité du juge, quelle justice aurons-nous ? Peu importe, ils supprimeront l'indépendance, l'impartialité, la justice, en supprimant l'inamovibilité. C'est qu'aussi nos magistrats, élevés dans de saines traditions, le respect du droit, de la loi, n'ont rien de commun avec nos maîtres, et ne les goûtent guère, eux ni leur république. Si on leur demandait des services, ils rendraient des arrêts. Conçoit-on qu'on ne les puisse révoquer ! Vite une loi et qu'on s'en débarrasse.

Et vous, avocats sans cause, avoués au rebut, notaires déconfits, si vous êtes francs-maçons, avancez, prenez vos places, c'est-à-dire prenez les leurs. Alors et seulement alors nous aurons une magistrature à la hauteur de la troisième.

Mais toi, plaideur, prends garde ! avant d'entreprendre un procès, examine bien, non si tu es en droit, mais si ton adversaire n'est pas en position de menacer le juge dans sa place !

Démolissons, démolissons ! Tel est le mot d'ordre. Après la magistrature c'est le clergé, c'est l'Eglise de France ! La guerre lui fut déclarée à Romans par le franc-maçon Gambetta. On se souvient du mot fameux : « le cléricalisme voilà l'ennemi ! » Ce cri sauvage a déjà porté ses fruits: l'injure, l'insulte à nos prêtres, et jusqu'à l'assassinat. Il en portera d'autres.

Faire croire à un peuple égaré, dévoyé, qu'il ne

peut être heureux que par la République, ce n'est pas difficile. Lui montrer son clergé comme un obstacle à cette République, à son bonheur, c'est une infamie, c'est attirer sur lui la haine, la vengeance, la proscription, la mort.

On le rend responsable d'une guerre qu'il n'a pas cherchée, qu'on lui a déclarée, contre laquelle il ne peut se défendre. N'est-ce pas généreux? On va la lui faire expier; on va, en attendant mieux, réformer le Concordat, non pas d'accord avec le Pape, partie contractante : fi donc ! la force ne prime-t-elle pas le droit ? On va le réformer à soi seul, à la sourdine, comme on fait un mauvais coup. — On va le régler, ce clergé dangereux ! A tout prix il faut l'amoindrir, le déconsidérer, restreindre sa liberté, l'assujettir à des pénalités, lui enlever les édifices religieux, et, s'il n'est pas content, on supprimera son traitement. Que ceux qui veulent du culte le paient. N'est-ce pas naturel ?

Oui, pour les ignorants. Ceux qui ne le sont pas savent qu'en s'emparant jadis des biens du clergé l'Etat s'obligea de lui servir ce traitement comme une rente minime des biens spoliés. Il s'y obligea comme il s'oblige à payer une rente à ceux qui lui prêtent de l'argent. S'il fait faillite aux uns, pourquoi paierait-ils les autres ? Rentiers, gare à vos titres ! Et vous, catholiques, pourquoi paieriez-vous les chanteurs de l'Opéra ? Pourquoi paieriez-vous des impôts destinés aux services publics, quand on refuse d'en employer une infime part au service public qui vous importe le plus ?

Comment ! nos seigneurs et maîtres par l'espionnage et la délation érigés en système, vous tenez déjà sous le coup de la terreur vos innombrables fonctionnaires, qui ne peuvent aller à la messe s'ils sont catholiques, ni fréquenter leurs amis s'ils vous sont suspects. N'est-ce point assez ? Faut-il encore que vous portiez la main sur nos magistrats pour les réduire au rôle de valets, sur nos prêtres pour en faire des popes russes ? N'est-ce qu'à ce prix que votre République peut prendre, qu'en abaissant tous les caractères ? Alors faites place à un Empereur, un roi, un czar, un sultan, un rajah, un despote quelconque. Il sera toujours plus libéral que vous et moins avilissant.

Dans sa préface de l'*Esprit des lois*, Montesquieu dit qu'il n'est permis de proposer des changements qu'aux hommes assez bien doués pour pénétrer d'un coup d'œil toute la constitution de l'État.

Montesquieu n'en n'était pas, de ceux-là ; il s'en défend. Mais nos politiciens en sont ; ils en sont certainement ; on n'en saurait douter, voyant avec quel aplomb ils fabriquent des lois.

La France est en leurs mains comme un vil animal, comme un chien aux mains de Paul Bert, et de même façon traitée, en sujet propre à la vivisection, propre à expérimenter leurs conceptions monstrueuses. Par eux étendue sur le lit de Procruste, ils la torturent sans pitié, pour en faire une France faussée, contrefaite, informe, sans nom ; une France à leur image et à leur taille ! Ils appellent cela travailler à sa régénération.

O Dieu ! ô peuple ! ne viendrez-vous pas à son secours ? Laisserez-vous à ces empiriques le temps de la *régénérer*, jusqu'à ce que mort s'en suive ?

Mais quoi ! dira-t-on, la critique est facile. Si nos législateurs y prêtent le flanc, le gouvernement, du moins dans son administration générale, n'offre-t-il aucun sujet d'éloge ? Voyons.

Une agriculture en souffrance, une industrie en

décadence, un commerce languissant, le tout se traduisant par un déficit annuel d'un milliard et demi ; total neuf milliards dont la France s'est appauvrie depuis six ans. Si dans ce désastre tout n'est pas imputable à nos maîtres, du moins sont-ils impuissants à y porter remède. Depuis trois ans embourbés dans les traités de commerce, ils n'en savent sortir que par des mesures provisoires et nuisibles.

Ces Messieurs font leur apprentissage, la France le paie.

Montrerons-nous la licence débordant partout sous le nom de liberté ; tous les liens relâchés, rompus ; les mauvaises passions déchaînées, la discorde régnant en souveraine ; les intérêts publics abandonnés ou trahis par des fonctionnaires ineptes ou complices, choisis non au mérite, mais à la cocarde ?

Si nous portons nos regards au dehors, les événements d'Egypte surgissent à point pour nous éclairer. Dans ces contrées de l'Orient le nom de la France était respecté, redouté ; sa protection, son alliance recherchées. Cette situation favorable à nos intérêts nous fut léguée par l'ancienne monarchie, consolidée dans ces derniers temps par la guerre de Crimée et l'intervention en Syrie, malgré l'Angleterre.

Nous allions intervenir en Egypte, nous devions intervenir, et ne pas laisser les Anglais nous y supplanter. Cependant nous n'intervenons pas. Un froncement des sourcils de Bismarck cloue en place nos républicains, ils n'osent bouger ; ils ont peur de la guerre et d'un choc qui pourrait renverser leur fragile édifice.

Peur de la guerre ! Mais, malheureux, n'avons-nous pas d'armée ? Et si nous n'en avons point, où avez-vous englouti les milliards que, pour la faire, depuis dix ans vous puisez dans nos poches?

C'est qu'aussi, faut-il le dire, nos finances sont en mauvais état. Un budget annuel de trois milliards et plus ne suffit pas, et tout à coup on découvre avec stupéfaction une dette flottante de trois milliards. Ce n'est peut-être pas trop pour les grandes choses faites, mais toutefois gênant.

L'Etat donne l'exemple, les départements, les communes le suivent. De nouvelles couches d'administrateurs ont répondu à l'appel de Gambetta. Nos conseils généraux, nos conseils municipaux surtout sont composés en général de citoyens remplis de lumière, sans aucun doute, mais payant peu d'impôts, quand ils en paient. Aussi voyez comme ils sont fertiles en projets et larges à la dépense. Constructions de mairies, de groupes scolaires, travaux de toute sorte, jusqu'à d'inutiles translations de cimetières pour en faciliter la laïcisation; quel mot barbare ! On obtient des subventions, c'est vrai, mais ce n'est pas le roi de Prusse qui les paie ; c'est l'Etat, c'est nous ; au détriment des communes qui, n'ayant besoin de rien ou ne pouvant rien faire, n'en reçoivent pas.

Trois milliards pour l'Etat, un milliard pour les communes, sans compter les rompus qui vont s'arrondissant. Total quatre milliards et quelques centaines de millions, et cela tous les ans. Quel beau denier !

On a emprunté, on emprunte, on empruntera. C'est entendu. On empruntera jusqu'à... ce qu'on ne veuille plus prêter !

Et dire que nos maîtres avaient promis une sévère économie, le gouvernement à bon marché ; dire qu'ils s'étaient élevés avec tant de courroux contre les gaspillages, infiniment moindres, du régime qu'ils ont renversé ! Comme le point de vue change suivant qu'on les fait ou non ; qu'on en profite ou n'en profite pas !

Serait-il téméraire d'entrevoir et prédire l'absorption des fortunes privées ? N'est-ce pas le rêve des communistes en train de s'accomplir ? L'Etat maître de tout, délivre chacun du souci d'administrer, de conserver ; il donne à chacun sa ration, et sous sa houlette conduit le troupeau s'abreuver à l'onde pure des fontaines. O délicieuse égalité !

Les pensions aux *victimes* du 2 Décembre viennent en aide ; mais les retraites aux invalides du travail, — comme elles vont avancer la besogne !

Patience, collectivistes, anarchistes, mangeurs de bourgeois, nous y allons, nous y allons...

Navire sans boussole, ce régime inspire une telle confiance que, lorsque nos députés vont en vacances, la France respire, la Bourse monte. Quand ils reviennent, l'anxiété renaît chez ceux qui ont quelque chose à perdre. Chez les autres ce sont des espérances toujours déçues, toujours nouvelles. Il leur fut tant promis au jour des élections !

« Quoi ! peuple impatient, ne saurais-tu atten-
« dre ! Nous sommes pleins de bonne volonté, mais
« vois : La machine politique n'est pas réglée. Le
« Sénat, un peu rouillé, ne marche pas, il faudra le
« supprimer. La Chambre a des embarras intesti-
« naux ; il faut la purger et lui donner un recons-
« tituant qu'on appelle scrutin de liste.
« Bien que mal outillés, nous avons fait quelque
« chose. Nous allons faire davantage. Songe donc !
« le divorce ! la réforme de la magistrature ! »

Eh ! citoyens législateurs, vous n'y êtes pas, vous faites fausse route. Ces réformes sont pour vous, non pour le peuple ; il n'en a cure. Ce n'est pas cela. Ne vous souvient-il plus de la réforme que vous lui fîtes espérer ? Vous savez ? La grande réforme, la réforme des réformes : celle qui doit détruire la misère où elle est, mettre la fortune où elle n'est pas. Voilà celle que le peuple attend. Vous jouissez, il veut jouir. Hâtez-vous, le temps presse, il s'irrite, et déjà, dans la profondeur des masses populaires, on entend des bruits sinistres, des tonnerres menaçants, préludes de la tempête !

C'est en vain que, pour détourner son attention et rompre la voie, vous lui jetez de temps à autre, à ce peuple affamé, une proie à dévorer ; un jésuite, un capucin, un trappiste, un couvent, une école, une œuvre catholique ! le régal est mince, il ne suffira pas longtemps ; il ne suffit plus.

Le peuple vous a tourné le dos ; il a de nouveaux meneurs qui à leur tour en veulent, du Pouvoir, de la Proie. Comme vous ils le trompent, mais le lèvent contre vous. Hâtez-vous, l'heure presse.

Mais hélas ! vous êtes impuissants, impuissants à vous défendre, impuissants à sauver la société par vous mise en péril. Décréter des lois absurdes, odieuses, tyranniques, malfaisantes ; faire, défaire, refaire des ministères, hors de là vous êtes impuissants ! Satisfaire vos rancunes, vos haines, vos appétits, vos ambitions, semer la division, la discorde, hors de là vous êtes impuissants ! Aux difficultés qui vous assaillent il n'y aura jamais qu'un remède, la dissolution ; vous le prendrez et reprendrez, vous irez de dissolution en dissolution, jusqu'à ladissolution finale.

« Ça se décolle, » a dit un des vôtres.

D'après Montesquieu la vertu est le ressort des républiques. Evidemment la troisième n'en a pas de ce genre. Si par hasard elle en avait d'autres, il serait temps de les montrer !

Qu'on trouve chez un peuple des esprits orgueilleux et pervers, des novateurs audacieux, des littérateurs licencieux, obscènes, des libertins d'esprit et de mœurs, c'est là ce qu'on vit de tout temps. Individuels, isolés, les efforts du mal sont limités, peuvent être combattus. De mauvais courants s'établissent et s'éteignent. Le bien reprend le dessus.

Mais si l'esprit du mal domine et progresse sans s'arrêter jamais, si l'on voit, sans retour, le peuple de plus en plus impatient de tout frein, de plus en plus disposé à toutes les révoltes, à tous les attentats, à toutes les destructions, ses mœurs se corrompre de plus en plus, il faudra en rechercher la cause, comme quand un arbre périt on fouille à ses racines, pour découvrir le ver qui les ronge.

Cette cause, ce ver qui ronge et tue la France, c'est, à n'en pas douter, la Franc-maçonnerie. En vérité, cette fois, Français, voilà l'ennemi !

Si tu ne t'affranchis de son joug, France, tu mourras ; tu mourras du venin qu'elle t'inocule, l'esprit révolutionnaire, l'abrutissant matérialisme ! Tu mourras de la mort ignominieuse dont meurent les peuples sans Dieu, sans foi, sans vertu ! O France ! patrie toujours chère aux cœurs bien nés, autrefois si grande, aujourd'hui si déchue, France, réveille-toi, relève-toi, brise des liens maudits, reprends le cours de tes nobles destins !...

7781. — Lyon. — Imprimerie, rue de Condé, 30. — J.-E. Albert.